# MESSIEURS
# PANOUFLE

## PÈRE ET FILS,

OU

# LA PENSION POUR RIRE,

COMÉDIE-VAUDEVILLE EN UN ACTE,

Par M. DUMERSAN;

REPRÉSENTÉE, POUR LA PREMIÈRE FOIS,
SUR LE THÉATRE DE LA GAITÉ
le 4 septembre 1831.

PRIX : 1 FR. 50 C.

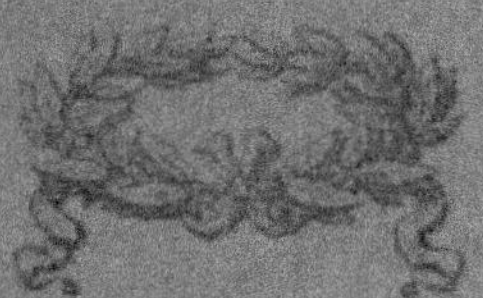

PARIS.

J.-N. BARBA, LIBRAIRE,
Palais-Royal, galerie derrière le Théâtre-Français.

1831

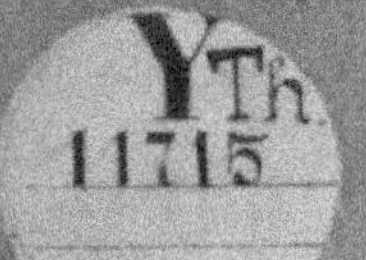

# MESSIEURS PANOUFLE

## PÈRE ET FILS.

# MESSIEURS
# PANOUFLE
## PÈRE ET FILS,

ou

## LA PENSION POUR RIRE,

COMÉDIE-VAUDEVILLE EN UN ACTE,

Par M. DUMERSAN;

REPRÉSENTÉE, POUR LA PREMIÈRE FOIS,
SUR LE THÉATRE DE LA GAITÉ,
le 4 septembre 1831.

PRIX : 1 FR. 50 C.

PARIS.

J.-N. BARBA, LIBRAIRE,

Palais-Royal, galerie derrière le Théâtre-Français.

1831

PERSONNAGES.          ACTEURS.

| | |
|---|---|
| M. PANOUFLE, bourgeois de Loches. | M. Parent. |
| JOSEPH PANOUFLE, son fils. | M. Leménil. |
| PAPILLON, coiffeur. | M. Mercier. |
| POTOT, menuisier. | M. Raymond. |
| JACQUELINE, fille de Potot. | M. Darcour. |
| MADAME DUMONT, tenant un magasin de modes et nouveautés. | Mad. Chéza. |
| HÉLOISE, sa première demoiselle. | Mad. Leménil. |
| CLÉMENCE,   } ouvrières. | Mlle Caroline. |
| AGATHE,   } | Mad. Thibaut. |
| MARIANNE, servante. | Mlle Provost. |
| M. TAMPON, invalide. | M. Théodore. |
| Un Joueur d'orgue. | |

La scène est à Paris, rue des Martyrs.

IMPRIMERIE DE DAVID, BOULEVARD POISSONNIÈRE, N. 6.

# MESSIEURS PANOUFLE

## PÈRE ET FILS.

Le Théâtre représente l'intérieur d'un magasin de modes et de nouveautés. A droite et à gauche, des tables couvertes de bonnets, chapeaux, etc.

## SCENE PREMIERE.

MARIANNE, POTOT. (*Ils entrent l'un d'un côté, l'autre de l'autre.*)

MARIANNE.

Eh! ben, monsieur Potot, vot' menuiserie est-elle finie?

POTOT.

Oui, mamzelle Marianne, et malheureusement il n'y avait pas grand chose à faire, des tablettes à reposer, des comptoirs et des tables à rajuster, rien de neuf! c'est sur le neuf qu'on se retire.

MARIANNE.

A cause des fournitures; mais...

AIR : Vaud. *de Partie et Revanche.*

Ne croyez pas que tout le monde
S'y connaisse autant qu'il le dit.
On en trompe bien à la ronde,
En taille, en visage, en habit,
En mœurs, en jeunesse, en esprit.
Oui, l'on vend à de bons apôtres
Vieux pour neuf, de tous les côtés;
Et je vois ça mieux que bien d'autres,
Dans not' magasin d'nouveautés.

POTOT.

Madame Dumont peut se vanter d'avoir choisi un joli quartier. La rue des Martyrs, d'un côté le bal de l'Hermitage, de l'autre le télégraphe, et un peu plus loin le théâtre de M. Seveste.

MARIANNE.

Ces demoiselles y vont souvent. Mamzelle Clémence a bien envie d'y débuter. Moi, j'aime mieux la danse.

POTOT.

J'ai bien envie de mettre ma fille ici pour la former.

MARIANNE.

Vous ferez bien, ça vous la dégourdira.

POTOT.

Oui, elle sera en bon air, ça me l'engraissera peut-être... car elle est mince et longue comme une queue de billard : avec ça que nous demeurons dans un nouveau passage. On ne respire pas dans ces diables de passages; les loyers y sont chers comme tout, et l'air n'y est pas bonne.

MARIANNE.

Il est vrai qu'ici nous serons mieux que dans la rue Bertin-Poiree où madame Dumont avait autrefois son magasin.

POTOT.

Comme on déménage dans le monde! l'un vient, l'autre s'en va, comme on dit ; c'te maison ici était occupée par une maîtresse de pension… Eh ! ben, ça va t'être à peu près la même chose.

MARIANNE.

Pas tout-à-fait.

AIR : Vaud. de *Voltaire chez Ninon*.

Chez la première on apprenait
Et la lecture et l'écriture ;
Chez madame on fait un bonnet,
Un' collerette, un' garniture ;
Elle vous fait broder, ourler ;
L'autr' vous t'nait sur les participes.

POTOT.

C'est tout de même travailler.

MARIANNE.

Mais c' n'est plus les mêmes principes.

POTOT.

Chaque état a les siens.

MARIANNE.

J'entends madame, je crois.

# SCENE II.

### MARIANNE, MADAME DUMONT, POTOT.

MADAME DUMONT.

Ah ! vous voilà, Marianne, eh ! bien, ces demoiselles ne sont pas encore à l'ouvrage ?

MARIANNE.

Madame, les ouvriers ne font que de finir.

MADAME DUMONT.

Vous ne ferez pas de dîner, nous irons à la campagne pour célébrer l'inauguration de mon nouveau magasin.

MARIANNE, *à part*.

Tant mieux, j'irai danser à l'Hermitage, moi.

(Elle sort.)

# SCENE III.

### MADAME DUMONT, POTOT.

MADAME DUMONT.

Ah ! ça, mon brave homme, où en sommes-nous ?

POTOT.

Madame, nous en sommes là.

(Il lui remet un papier.)

MADAME DUMONT.

Déjà votre mémoire ? je le donnerai à régler à mon architecte ; mais vous avez oublié le plus essentiel, et mon enseigne !

POTOT.

Madame, j'ai réfléchi à une chose : cette dame qui occupait le logement avant vous et qui a laissé la sienne... ne s'appelait-elle pas comme vous?

MADAME DUMONT.

Oui, c'est assez singulier, car le nom de Dumont n'est pas commun du tout.

POTOT.

Non, c'est un nom très-distingué.

MADAME DUMONT.

Après ça, vous me direz un nom n'y fait rien, c'est la manière dont on le porte.

POTOT.

Pour en revenir à l'enseigne, afin d'éviter les frais et l'embarras de la démonter, faites-là repeindre; au lieu de : *Madame Dumont, tient maison d'éducation de jeunes demoiselles*, le barbouilleur changera trois mots, et ça fera : *Madame Dumont, tient magasin de nouveautés*.

MADAME DUMONT.

Arrangez cela avec l'institutrice, et en me raportant la réponse je vous solderai... Ah! avant de vous en aller, voyez si Marianne n'a pas besoin de quelque chose dans sa cuisine. ( *Elle appelle.* ) Marianne!

MARIANNE, *arrivant*.

Madame.

MADAME DUMONT.

Voyez avec M. Potot s'il n'y a plus rien à faire... je sors, je vais chez l'imprimeur savoir pourquoi il ne m'a pas envoyé mes nouvelles adresses.

( Elle sort. )

MARIANNE.

Oui, madame.

# SCENE IV.

MARIANNE, POTOT.

POTOT, *regardant madame Dumont partir*.

Je n'ai pas voulu dire à la bourgeoise que tout était bâclé, parce qu'il reste encor quelque chose à faire. ( *Galamment.* ) Je sens là... pour vous, mademoiselle Marianne, quelques petits coups de maillet.

MARIANNE.

Oui, mais faut que je soigne mon potage, madame Dumont n'a que moi de servante, et quand on est à la fois cuisinière et femme de chambre, on n'a pas le temps de s'amuser...

AIR : *Prenons d'abord l'air bien méchant.*
Il me faut être en même temps
A l'antichambre, à la cuisine,
Utile aux gourmands, aux amans,
C'est par moi qu'on aime et qu'on dine;
D'mon repas quand j' fais les apprêts,
Un billet doux tombe dans ma poche:
D'un' main je reçois les poulets,
Et d'l'autre j'les mets à la broche.

POTOT.

Eh ben, je suis absolument comme celui que vous mettez à la broche... je suis brûlant... et je ne suis pas payé.

(Il veut lui prendre la taille.)

MARIANNE.

M. Potot... je me fâcherai...

POTOT.

Air *du Ménage de garçon.*

Je réclame ici mon pour boire,
Il faut qu'vous me donniez, oui dà,
Un p'tit à-compte sur le mémoire.

MARIANNE.

Finissez donc...
(*Potot continue ses attaques, Marianne lui donn e*
Eh ben, le v'là...

# SCENE V.

LES MÊMES, PANOUFLE ET JOSEPH PANOUFLE.

LES DEUX PANOUFLES *voyant Marianne donner le soufflet.*

*ENSEMBLE.* { Il est un peu fort celui-là.

POTOT.

Il est un peu fort celui-là.

MARIANNE, *à Potot.*

Voyez quelle est ma confiance,
J'vous donne ce qui vous est dû ;
Sans en demander de quittance
Et vous pouvez garder l'reçu.

Voilà comme je reçois les engeoleurs.

POTOT, *sa main à sa joue.*

Et devant du monde encore.

(Il sort.)

MARIANNE, *se retournant.*

Qu'est-ce que demandent ces messieurs ?

PANOUFLE.

Avant de vous le dire, mademoiselle, permettez-moi de vous féliciter sur la sévérité de vos mœurs, qui me donne de cette maison l'idée la plus avantageuse.

MARIANNE.

Comment donc, monsieur, toutes ces demoiselles feraient ce que j'ai fait...

PANOUFLE.

Je le crois... Dites-moi, mademoiselle, qu'êtes-vous dans la maison?... Sous-maîtresse?

MARIANNE.

Cuisinière, monsieur...

JOSEPH.

Jugez donc, papa, si la cuisinière a tant de sagesse, combien les autres doivent en avoir !

PANOUFLE.

Oui, Joseph. (*A Marianne.*) Mademoiselle, pourrions-nous parler à madame Dumont?

MARIANNE.

Elle est sortie pour le moment, mais si vous voulez attendre un petit quart d'heure...

JOSEPH.

Nous attendrons, n'est-ce pas, papa?

PANOUFLE.

Oui, Joseph... (*A Marianne.*) Vous direz à votre maîtresse que nous sommes messieurs Panoufle père et fils.

MARIANNE.

Eh ben! messieurs, attendez là... (*A part.*) Je ne sais pas, moi, je leur trouve un air bête, à messieurs Panoufle père et fils.

(Elle se cache pour rire avec son tablier, et sort.)

# SCÈNE VI.

### PANOUFLE, JOSEPH.

JOSEPH.

Papa, elle est bien polie, la bonne.

PANOUFLE.

Dans toutes ces maisons-là c'est de même... Ah ça! Joseph, tu sais les conseils paternels que je t'ai donnés?

JOSEPH.

Oui, papa.

PANOUFLE.

Tu feras honneur à la famille des Panoufles.

JOSEPH.

Oui, papa, j'espère lui faire honneur et la perpétuer.

PANOUFLE.

C'est ce qui nous amène à Paris, nous allons voir si ta cousine Héloïse répond au portrait que sa mère nous en a fait.

JOSEPH.

Si elle est aussi sage que la bonne, ça sera bien gentil...

PANOUFLE.

Oui, car dans la famille des Panoufles nous sommes très-chatouilleux sur l'honneur.

JOSEPH.

J'en tiens bien de la famille; car je suis joliment chatouilleux aussi...

PANOUFLE.

Ta tante a voulu que sa fille fût éduquée à Paris; et je t'avoue que ça me fait peur...

JOSEPH.

Pourquoi donc, papa?

PANOUFLE.

On y apprend plus de choses qu'une jeune fille ne doit en savoir.

JOSEPH.

Il faut convenir aussi, papa, que nos pensionnats de Loches ne sont pas fameux, ni ceux de Chinon non plus : et qu'on ne fait pas de brillantes élèves de nos demoiselles d'Indre et Loire.

PANOUFLE.

Monsieur Joseph, voudriez-vous épouser une petite femme du jour, bel esprit, philosophe, évaporée ? Votre mère n'était rien de tout cela et je m'en suis bien trouvé; voyez ce front paternel!.. il est chauve... mais il n'est que ça, je puis le montrer...

AIR : *M. de Catinat.*

Heureux le tendre époux qui sage dans son choix
D'un sort assez commun a pu braver les loix,
Et qui d'un chaste hymen, goûtant les fruits en paix
A su se faire un front qui ne rougit jamais.

JOSEPH.

Je le sais, papa ; votre fils, élevé par vous, a vos principes et vos sentimens...

PANOUFLE.

Quand on est membre du conseil municipal de sa ville...

JOSEPH.

Et qu'on fait le commerce en gros de plumes d'oie !

AIR : *de la Dame blanche.*

Oui, qu'un juste orgueil me boursouffle,
Je dois marcher haut, fier et droit;
Je dois songer que les Panoufle
Sont les hupés de leur endroit.
Je vais prendre un air important,
Avancer, parler, et pourtant,
Prenons garde!... (4 *fois.*)
La ville de Loches nous regarde,
La ville de Loches nous entend.

PANOUFLE.

Ainsi, mon ami, examinons, étudions bien tout ici.

JOSEPH.

D'abord, voilà une chambre qui respire l'amour du travail... C'est sûrement la classe...

PANOUFLE.

Cependant voilà des chapeaux, des bonnets, du fil, des aiguilles...

JOSEPH.

Eh bien ! c'est qu'elles font tout ça elles-mêmes ; tant mieux.

PANOUFLE.

Oui, car les couturières et les marchandes de modes sont la ruine des pauvres maris.

JOSEPH.

Papa, v'là une dame.

PANOUFLE.

C'est sans doute la maîtresse.

# SCÈNE VII.

### LES MÊMES, MADAME DUMONT.

MADAME DUMONT.

Messieurs, qu'y a-t-il pour votre service?

PANOUFLE, *saluant.*

Je vais vous le dire, dame respectable.

JOSEPH, *saluant aussi.*

Respectable dame, papa va vous le dire.

MADAME DUMONT, *à part.*

Ces messieurs sont bien respectueux!

PANOUFLE.

Auparavant, madame, permettez...

JOSEPH.

Auparavant, madame, souffrez...

Air *de Turenne.*

Que je vous présente mon père.

PANOUFLE.

Que je vous présente mon fils.

JOSEPH.

Là! que pensez-vous de mon père?

PANOUFLE.

Là, que pensez-vous de mon fils?          (*bis.*)
J' suis si content de ses nobles manières...

JOSEPH.

J' suis si content de ses sages avis...

PANOUFLE.

Que l'pèr' voudrait avoir deux pareils fils.

JOSEPH.

Et l'fils avoir deux pareils pères.

MADAME DUMONT, *à part.*

Ces gens-là sont drôles!

PANOUFLE, *avec emphase.*

Quelle belle profession que la vôtre, madame, et qu'il est beau
de se sacrifier à l'éducation de la jeunesse et à la formation d'un
sexe qui doit embellir par ses charmes l'existence de l'autre!..

MADAME DUMONT, *surprise.*

De quel autre?

JOSEPH.

L'autre, c'est moi, madame...

MADAME DUMONT.

Expliquez-vous mieux, messieurs: puis-je vous être utile à
quelque chose?

PANOUFLE.

Oui, madame, vous avez chez vous des jeunes personnes...

MADAME DUMONT.

Sans doute... Eh bien?..

PANOUFLE.

Ces jeunes personnes formées par vous doivent être des modèles de sagesse et de vertu !.. Elles doivent être fortes sur les mœurs, les principes de conduite ?

JOSEPH.

Et l'orthographe.

MADAME DUMONT.

Mais, messieurs, dites-moi donc où vous voulez en venir ?

JOSEPH.

C'est vrai, papa, vous tenez madame le bec dans l'eau, comme l'oiseau sur la branche.

PANOUFLE.

Parmi ces demoiselles, vous en avez une qui se nomme Héloïse ?

MADAME DUMONT.

Héloïse ; oui, messieurs, une de mes meilleures élèves. Est-ce que vous la connaissez ?

JOSEPH.

Non ; mais je viens avec papa pour faire sa connaissance.

PANOUFLE.

Sachez, madame, que mon fils, Joseph Panoufle, est le cousin d'Héloïse, qu'il arrive de Loches pour l'épouser, et qu'il désire savoir si elle est digne de lui.

MADAME DUMONT.

Messieurs... Il faut la voir, et la juger par vous-mêmes.

PANOUFLE.

Vous avez raison. Il faut vous dire que ce mariage a pour but de ne pas laisser sortir de la famille un petit bien dont ma sœur et moi venons d'hériter en commun.

MADAME DUMONT.

Ah! c'est un mariage d'intérêt !.. Au surplus, cela vous regarde, messieurs. Je vais vous envoyer Héloïse... Ah! ça, si ce mariage se fait, j'espère que vous me chargerez de la corbeille...

Air *de Céline*.

Pour lui plaire et pour la séduire,
Il faut y mettre des bijoux ;
N'oubliez pas un cachemire,
Elle sera folle de vous !
Un voile encor fera merveille...

JOSEPH.

A Loche on tient aux sentimens.
C'est bien moins cher qu'une corbeille,
Et ça dure bien plus long-temps.

MADAME DUMONT.

Vous tenez beaucoup aux sentimens ?

JOSEPH.

Oui, madame ; là-dessus, papa Panoufle et moi, nous sommes vieux style.

MADAME DUMONT.

Ça se voit, messieurs. Eh bien ! voulez-vous faire un tour jardin en attendant ces demoiselles ?

PANOUFLE.

J'ai une lettre de change à toucher, rue Saint-Lazare, chez un marchand boutounier. C'est dans le quartier; Joseph, attends-moi dans le jardin.

JOSEPH.

Papa, vous allez me laisser seul?

PANOUFLE.

N'aies pas peur, je ne serai pas long-temps.

(Ils sortent.)

# SCÈNE VIII.

### MADAME DUMONT.

Je ne savais pas qu'Héloïse eût des parens à Loches; si elle pouvait épouser ce petit imbécille-là, ça ne serait pas malheureux pour elle...

# SCÈNE IX.

### MADAME DUMONT, HÉLOÏSE.

HÉLOÏSE.

Marianne m'a dit que vous me demandiez, madame?

MADAME DUMONT.

Approchez, Héloïse; j'ai à vous parler, mon enfant. Vous êtes une bonne fille, vous avez des qualités; je voudrais vous voir heureuse...

HÉLOÏSE.

Moi aussi, madame.

MADAME DUMONT.

Cependant...

AIR : Vaud, *de l'Intrigue sur les Toits.*

Vous avez la tête légère.

HÉLOÏSE.

Je suis jeune et ça s'passera.

MADAME DUMONT.

Vous êtes coquette, ma chère.

HÉLOÏSE.

Qui ne l'est pas?.. dites-moi ça.

MADAME DUMONT.

Vous faites souvent des folies.

HÉLOÏSE.

Madame, toujours ce sera
Le défaut des femmes jolies...
Vous avez eu ce défaut-là.

MADAME DUMONT.

Vous me flattez, Héloïse. Parlons de vous : votre famille est donc du département d'Indre-et-Loire?

HÉLOÏSE.

Non, madame.

**MADAME DUMONT.**

Quoi ! vous n'êtes pas de Loches, près de Chinon ?

**HÉLOÏSE.**

Du tout, madame, je suis une vraie et franche Parisienne, du faubourg Montmartre.

Air : *Vos maris en Palestine.*

Je suis la fill' d'un' fruitière
Au coin d'la rue Coquenard ;
Et j'vendais des fleurs naguère,
Chaque soir au boulevard,
Jusqu'à minuit moins un quart.
Aux p'tits maîtres la bouqu'tière
Glissais la rose et l'bouton,
Et si l'on m'prenait l'menton,
Je n'en étais pas moins fière,
C'n'étaient qu'les gens du bon ton.

**MADAME DUMONT.**

Et qu'est-ce donc qu'est venu me conter ce brave homme, qui veut que vous soyez sa nièce, et qui vient pour vous faire épouser son fils, afin que la fortune ne sorte pas de la famille ?

**HÉLOÏSE**, *vivement.*

Écoutez donc, il est possible que j'aie des parens en province !

**MADAME DUMONT.**

Dame ! mon enfant, ils vont revenir ; le jeune homme veut vous juger. Jugez-le vous-même ; il dit qu'il est riche, je le crois bête : ce serait peut-être une très-bonne affaire.

**HÉLOÏSE.**

Au fait, cela vaudrait mieux que ce M. Papillon, le coiffeur, qui parle toujours de s'établir, et qui n'en finit jamais...

**MADAME DUMONT.**

Je vais vous l'envoyer ; vous voilà prévenue, Héloïse ; le reste vous regard.

( Elle sort. )

# SCÈNE X.

**HÉLOISE**, *seule.*

Un bon mariage pour une fille qui n'a pour dot que sa jeunesse et ses talens !... il faut saisir cela au passage. Je me vois déjà haute et puissante dame dans le département de mon époux... ah ! comme je tiendrai mon rang.

(Elle se promène et se donne des grâces. )

Air : *Rondeau du chapitre second.*

Je ne suis plus cette
Petite fillette
Qu'on vit autrefois
En humble cornette,
Vendant la reinette
Et cassant des noix.
Fi de l'éventaire !
Ce genre vulgaire

N'offre aucun appas.
Je m'pare sans cesse ,
J'ai l'air d'une princesse
Quand je n'parle pas.

D'sa naissance commune ,
Il en est plus d'une
Qui n'fait pas l'aveu :
Je n'suis pas la seule
Qui fass' la béguenle
Pour cacher son jeu !
D'un homme de finance ,
Ou d'un pair de France
J'épous'rais l'neveu...

Je ne suis plus cette
  Petite fillette , etc.

Ah! je crois entendre ces demoiselles , il faut leur annoncer mon mariage.

# SCENE XI.

**HÉLOISE , CLÉMENCE, AGATHE , CINQ OUVRIÈRES.**

Air : Vaud. *des Élèves du Conservatoire* (de la Vieille).
Que les ennuis et que le noir chagrin
Soient exilés du magasin.

CLÉMENCE.
C'qui m'fâche, je l'dis sans épigramme ,
C'est que chez nous , le plus souvent,
On n'voit arriver que des femmes ,
Ce n'est pas toujours amusant.

AGATHE.
Si l'on n'reçoit l'matin que des dames ,
Quand le soir vient... c'est différent !...
Nos soupirans n'nous font jamais d'banqueroutes.
Sur leur retour je ne lève aucuns doutes ,
Ce doux espoir doit nous faire chanter toutes...

CHOEUR.
Que les ennuis et que le noir chagrin
Soient exilés du magasin.

CLÉMENCE.
Ah! ça , mesdemoiselles , expédions la besogne , parce qu'à deux heures madame nous mène aux Prés-Saint-Gervais.

HÉLOÏSE.
Tiens, nous dînons à la campagne aujourd'hui ? eh ! bien j'y mènerai mon prétendu. Mesdemoiselles , vous allez me permettre de vous le présenter.

TOUTES.
Ton prétendu !

CLÉMENCE.
M. Papillon ?

HÉLOÏSE.
Ah ! bien oui, M. Papillon ! un petit coiffeur du faubourg Montmartre, qui fait la coupe des cheveux à cinquante centimes... non, non, c'est un homme riche qui me demande en mariage.

# SCÈNE XII.

LES MÊMES, MARIANNE.

MARIANNE.

Mamzelle Héloïse, v'là une lettre que j'ai trouvée en balayant : il y a votre nom dessus...

HÉLOÏSE.

Une lettre... donne. (*Elle lit.*) — « Ma chère Héloïse, ton oncle Panoufle est parti de Loches avec son fils... » — Mon oncle Panoufle! je n'ai jamais eu d'oncle Panoufle, moi. — « Ils me tourmentaient pour te marier. »—Me marier! c'est drôle ça! « Je les laisse partir, persuadés que j'y consens, afin de prendre mes mesures, pendant ce temps-là, pour arranger la petite affaire d'intérêt qui me met un peu sous la dépendance de M. Panoufle : mais je ne veux pas te sacrifier. » Ah ça, mesdemoiselles, y concevez-vous quelque chose?

MARIANNE.

Regardez donc l'adresse. Il y a bien : Amademoiselle Héloïse.

HÉLOÏSE.

« A mademoiselle Héloïse Picardeau, chez madame Dumont, « maitresse de pension, rue des Martyrs. » Eh! voilà l'explication du mystère; cette lettre était adressée à une élève de la pension qui était ici avant nous. Je comprends maintenant ce que voulait me dire madame Dumont. Cette demoiselle porte comme moi le prénom d'Héloïse; mais elle se nomme Picardeau, et moi je suis née Blanquette.

TOUTES, *riant.*

Ah! ah! ah!.. la bonne plaisanterie...

CLÉMENCE.

Et toi qui croyais...

HÉLOÏSE.

C'est bon, mesdemoiselles.

MARIANNE.

Ah! je parie que je sais ce que c'est... c'est deux hommes de province qui sont venus ce matin.

HÉLOÏSE.

Tu les a vus, Marianne?

MARIANNE.

Oui, ils ont l'air bête comme tout.

TOUTES, *riant.*

Ah! ah! ah!

HÉLOÏSE.

Ayez donc de la tenue, mesdemoiselles.

AGATHE.

Tiens, cet air! parce qu'elle est véxée.

CLÉMENCE.

Je dirai à M. Papillon que tu voulais lui faire infidélité.

HÉLOÏSE.

Vous êtes bien méchante, mademoiselle Clémence!

MARIANNE.

Chut! voici le jeune homme !... je m'en vas moi...

( Elle sort. )

AGATHE.

Voyons le venir... Il faut nous en amuser.

TOUTES.

Oui , oui.

(Elles s'asseient autour des tables.)

# SCENE XIII.

### LES MÊMES, JOSEPH PANOUFLE.

JOSEPH, *entrant avec timidité.*

AIR : *Je n'y puis rien comprendre.* ( Dame blanche. )

Avançons en silence ,
J'admire leur décence ,
Mes yeux sont tout surpris.
Prenons de l'assurance ;
Je sens qu'en leur présence
Mon pauvre cœur est pris.

LES JEUNES FILLES.

Allons faisons silence ,
Voyez comme il s'avance
D'un air neuf et surpris.
Il prend de l'assurance :
Mais en vain il balance ,
Son pauvre cœur est pris.

JOSEPH, *à part.*

Elles se chuchottent en me regardant.

AGATHE.

Comme il nous examine... je vas lui parler, moi... Vous deman-
dez quelqu'un ici , monsieur?

JOSEPH.

Oui , mademoiselle , je demande ma cousine, et je ne peux pas
deviner laquelle de vous que c'est.

AGATHE.

C'est peut-être moi, monsieur ; j'ai beaucoup de cousins...

JOSEPH.

Vous appelleriez-vous Héloïse?

AGATHE.

Non , tournez à gauche, et la première à droite.

JOSEPH.

Ha ! mademoiselle , ma chère cousine , permettez... je veux
dire... ( *A part.* ) Dieu ! quel trouble sa vue jette dans tous mes
sens...

HÉLOÏSE, *à Clémence.*

Je lui fais de l'effet. (*Haut.*) Monsieur, qu'y a-t-il pour votre
service ?

JOSEPH , *à part.*

Oh! Dieu ! comme elle s'exprime avec grâce ! ( *Haut.*) Ma cousine , est-ce que vous ne me reconnaissez pas ?

HÉLOÏSE.

A vous dire vrai, j'aurais de la peine...

JOSEPH.

Eh ! bien, c'est comme moi, avec ça que ma tante m'avait dit que vous étiez blonde.

HÉLOÏSE.

J'ai un peu bruni, je suis châtaigne.

JOSEPH.

Ça vous va bien ; d'ailleurs moi je suis marron.

HÉLOÏSE.

D'Inde... d'Indre-et-Loire, je crois !

JOSEPH.

Oui, mon cœur bat quand je vous regarde, et le vôtre bat-il en me regardant ?

TOUTES, *riant.*

Ah ! ah ! ah !

HÉLOÏSE.

Mesdemoiselles, taisez-vous ; ce n'est pas poli...

JOSEPH.

Il paraît que vos camarades sont des espiègles.

HÉLOÏSE.

Elles sont jeunes.

JOSEPH.

Je suis bien aise de voir que vous êtes la plus raisonnable. Vous ne savez peut-être pas que ma tante votre mère et mon père votre oncle... ont formé le dessein....

HÉLOÏSE.

Quel dessein, mon cousin ?

JOSEPH.

Le dessein de nous unir ; autrement dit, de nous marier.

HÉLOÏSE, *baissant les yeux.*

Mon cousin !

JOSEPH, *à part.*

Allons, elle rougit et baisse les yeux. C'est bon signe. (*Haut.*) Je suis bienheureux, ma cousine, d'avoir conservé un cœur digne de vous être offert, car l'année dernière j'ai bien manqué de le perdre et même bien bêtement, mais papa m'a pardonné...

HÉLOÏSE.

Ah ! mon Dieu, qu'est-ce que vous aviez donc fait ?

JOSEPH.

AIR : *Bergère sois moins coquette* (Joconde).

Mon cœur facile à surprendre
Un certain jour s'enflamma
Pour une blonde au regard tendre,
Dans l'genre de mamzelle que v'là...
(*Montrant Agathe.*) Elle me dit, je suis artiste,
Çam'fit d'abord de l'effet ;
Quand je sus qu'elle était modiste,
Je crus que l'diable m'emportait.

CLÉMENCE.

Par exemple!...

AGATHE, *à Clémence.*

Il vient donc pour nous mystifier? ah! nous allons voir!

JOSEPH.

Heureusement que mon père me fit voir mon égarement, et j'en revins.

CLÉMENCE, *à Héloïse.*

Ah! il dit du mal des ouvrières en modes... il faut l'en punir.

HÉLOÏSE.

Oui, et nous amuser.!. Dites comme moi...

JOSEPH, *à part.*

Elles se parlent entre elles! qu'est-ce qu'elles ont donc?

HÉLOÏSE.

Mon cousin, je vous demande bien pardon ; mais vous ne pouvez pas rester plus long-temps.

JOSEPH.

Pourquoi donc, ma cousine ?

HÉLOÏSE.

C'est que voici l'heure de la classe, et il faut que nous nous occupions de nos devoirs.

JOSEPH.

Eh bien ! est-ce que je vous gêne ?

HÉLOÏSE.

C'est que nous sommes timides.

JOSEPH.

Je serai bien content de voir vos travaux, je m'y connais.

CLÉMENCE.

Ah ! c'est qu'on ne nous élève peut-être pas comme dans votre département d'Indre-et-Loire.

AGATHE.

Nous ne sommes pas des demoiselles de Loches...

HÉLOÏSE.

Ni de Chinon.

JOSEPH.

Non !.. c'est-à-dire, ma cousine, vous, vous en êtes.

HÉLOÏSE.

Depuis le temps, c'est comme si je n'en étais plus.

AGATHE.

Allons, allons, à nos leçons.

JOSEPH.

Où est donc la maitresse ?

CLÉMENCE.

Elle est sortie ; mais vous savez qu'Héloïse est première demoiselle... je veux dire sous-maitresse.

JOSEPH.

Diantre ! c'est flatteur ! Qu'est-ce que vous apprenez? la géographie, la grammaire?

AGATHE.

Oh non ! j'apprends autre chose ! Voulez-vous me voir danser la gavotte ou la mazourka, le pas de Mazurier dans *la Neige ?* à nous deux.

JOSEPH.

Pourquoi pas ? ( *Elle danse et le fait danser.* ) C'est farce !.. et ma cousine, qu'est-ce qu'elle apprend, elle? c'est la plus sage : je parie qu'elle s'adonne aux études sérieuses.

HÉLOÏSE.

Oui, la musique vocale. Je vais vous chanter la romance de la marchande de plaisir.

Air *nouveau de M. Darondeau.*

Suzon arrivait à Paris<br>
Sans autre bien que sa jeunesse,<br>
Un bel œil noir, un doux souris,<br>
Un maintien plein de gentillesse.<br>
Dans vingt métiers lequel choisir ?<br>
Ell' prit une corbeille gentille :<br>
Et l'on entendit la jeun' fille<br>
Chanter pour charmer son loisir...<br>
Régalez-vous, mesdam', voilà l'plaisir.

Ell' fit fortune, à ce qu'on dit,<br>
Sans perdre de sa gentillesse ;<br>
On vantait sa grâc', son esprit...<br>
Mais on n'parlait plus d'sa sagesse.<br>
Bientôt on s'lassa de choisir<br>
Ce qui remplissait sa corbeille.<br>
La pauvre fille ! elle devint vieille !...<br>
Et n'chantait plus que par souvenir...

( *Contrefaisant la vieille.* )
Régalez-vous, mesdam', voilà l'plaisir.

JOSEPH.

C'est drôle !.. mais où sont donc vos livres d'études ?.. est-ce que vous n'en avez pas ?..

AGATHE, *montrant quelques brochures.*

Les voilà.

JOSEPH, *en ouvrant quelques-unes.*

L'Enfant du Carnaval ! Chansons grivoises. Voilà de drôles de rudimens !

HÉLOÏSE.

C'est de la littérature légère.

# SCÈNE XIV.

LES MÊMES, PAPILLON.

PAPILLON.

Bonjour, mesdemoiselles ! nymphes charmantes de la rue des Martyrs !

JOSEPH.

Qu'est-ce que c'est que ce monsieur-là ?

HÉLOÏSE.

C'est notre maître de danse.

PAPILLON, *aux autres.*

Qu'est-ce qu'elle dit donc, mamzelle Héloïse?..

Air : *On dit que je suis sans malice.*

Sur mon art on vous interroge,
Et vous voulez que je déroge
Au point de passer pour danseur,
Quand je suis perruquier-coiffeur.
La beauté devient ma conquête,
Puisque m'emparant de sa tête,
Je la tourne au gré de mes vœux.

JOSEPH, *ironiquement.*

En la tirant par les cheveux.

Un perruquier!..

PAPILLON.

Eh ben! où est l'article du Code civil qui défende à un coiffeur de venir présenter ses hommages aux demoiselles de la rue des Martyrs?

JOSEPH.

Ses hommages !.. quelle horreur !..

PAPILLON.

Horreur vous-même! entendez-vous? Qu'est-ce ce qu'il a donc ce petit bonhomme avec sa vergette?.. Mais, mon cher ami, votre tête n'a pas marché avec votre siècle...

JOSEPH.

C'est bon! je suis à la mode de Loches.

PAPILLON.

Je veux vous mettre à celle de Paris...

Air : *Il marche à l'immortalité.*

Apprenez que sur la coiffure
On juge d'un individu :
Samson perdit sa chevelure,
Et ce fut un homme perdu.   (*Bis.*)
Fi! d'une queue et d'une face,
L'homme doué d'ambition
Ne peut s'élever, quoi qu'il fasse,
Avec des ailes de pigeon.

JOSEPH.

Mesdemoiselles, qu'est-ce que cela veut dire?

HÉLOÏSE.

Eh bien! mon cousin, est-ce qu'il est défendu d'avoir un coiffeur?

JOSEPH.

Pour vous coiffer, oui ; mais il a l'air à son aise ici.

PAPILLON.

Je suis à mon aise partout. Quand on a du talent dans son état !..

JOSEPH.

Et pourquoi m'avez-vous dit que c'était un danseur?

HÉLOÏSE.

J'ai dit la vérité; M. Papillon danse très-bien, et il nous donne quelquefois des leçons.

JOSEPH.

Il cumule donc ?

PAPILLON.

Sans doute , et je vous en donnerai , jeune homme , si vous voulez ?

JOSEPH.

Je n'en ai que faire ; je danse mieux que vous :[fi], mademoiselle Héloïse , votre mère va être instruite de tout cela , et vous retirer d'ici.

PAPILLON.

Qu'est-ce qu'il a donc , le jeune homme de Loches ?

HÉLOÏSE.

Rien , rien : on vous mettra au fait.

AGATHE.

Oui , et en attendant... allons , mes bonnes amies , nous préparer pour danser à l'Ile d'Amour.

JOSEPH , *à part.*

A l'Ile d'Amour !..

PAPILLON.

Le temps est incertain : mais c'est égal , j'en suis.

Air *de Fiorella.*

> Croyez-en l'expérience habile,
> Du départ il faut s'occuper ;
> Sous le ciel riant de Belleville
> Ces nuages vont se dissiper.
> Courez dans ce séjour.
> Je vais suivre vos traces :
> A côté des trois Grâces
> On m' verra fair' l'Amour.
> TOUTES.
> Courons dans ce séjour :
> Il va suivre nos traces :
> Nous serons les trois Grâces
> Et monsieur f'ra l'Amour.

( Elles sortent.)

## SCÈNE XV.

### JOSEPH , PAPILLON.

PAPILLON , *réfléchissant.*

Je n'y suis pas du tout, en vérité.

JOSEPH, *se montant.*

Eh bien ! moi j'y suis , et nous allons causer nous deux.

PAPILLON.

Ah ! ah ! est-ce que vous êtes taquin ?

JOSEPH.

C'est possible.

PAPILLON.

Eh ! dites-moi , vous venez de Loches pour épouser mamzelle Héloïse ?

JOSEPH.

Si je veux...

PAPILLON.

Et quel état exercez-vous à Loches ? quel rang tenez-vous dans
cette intéressante cité ?

JOSEPH.

Il me questionne... Je réponds parce que je le veux bien. Papa
est propriétaire avec pignon sur rue , et de plus, commerçant en
gros de plumes d'oie, et moi , je suis son fils.

PAPILLON.

Mettrez-vous votre femme dans un comptoir ?

JOSEPH.

Je la mettrai où ça me plaira , na !

PAPILLON.

Vous vous fâchez ; je vous questionne dans vos intérêts : c'est
que mamzelle Héloïse ne vous convient pas du tout.

JOSEPH.

Bah !

PAPILLON, *avec volubilité.*

A moi , par exemple , c'est différent, elle me conviendrait ! il
me faut une femme à tournure , un buste de comptoir, une tête
à coiffures qui puisse échantillonner dans ma boutique ; il faut
qu'elle fasse valoir, par sa physionomie , les faux toupets, les to-
ques , les rubans , les bérets, les fleurs , les plumes ; qu'elle fasse
l'effet d'une tête de cire... et mamzelle Héloïse a un port , un
front, des yeux à cela !... Mais pour vous, c'est différent : elle
n'a aucune des qualités sociales qu'exige la province , nulle des
vertus privées qui honorent un chef-lieu de canton ; elle est faite
pour un grand théâtre, et je vous conseille de la laisser à Paris ,
qui est, selon l'expression ingénieuse de l'Hermite de la Chaussée-
d'Antin, le seul terrain où puissent fructifier la beauté, la jeunesse
et la coquetterie. Marchez d'après cela, jeune homme, et frémissez
du sort qui vous attend !

JOSEPH , *stupéfait.*

Celui qui lui a coupé le filet n'a pas volé ses cinq sous. — Vous
êtes perruquier ?

PAPILLON.

Coiffeur , rue Cadet.

JOSEPH.

Eh ben ! le secrétaire de la Société littéraire de Loches ne fait
pas des discours aussi éloquens que le vôtre...

PAPILLON,

Vos sociétés de province sont arriérées. Ici, la littérature court
les rues; on trouve du classique chez les épiciers, et du romantique
chez la beurière. Les artisans sont lettrés, et mon cordonnier fait
des tragédies... pour l'Odéon... J'en ferais moi, si j'avais le temps.

JOSEPH , *en colère.*

Tout ça n'empêche pas que je ne trouve cette maison-ci très-mal dirigée. Allez-vous me dire que c'est le siècle qui en est cause ?

PAPILLON.

AIR : *Vaudeville d'une Heure de folie.*

Oui , le siècle est cause de tout ,
Je vous le dis en confidence.
En vain on veut malgré le goût
Se soustraire à son influence :
Les arts , l'esprit et les talens
Vont en avant dans la carrière :
Jeune homme , songez que le temps
Ne marche jamais en arrière.

JOSEPH.

Bah !... il y a des montres qui retardent.

PAPILLON.

Je vous ai dit mon avis ; je vous ai donné de bons conseils : réfléchissez.

(Il lui serre la main et sort.)

# SCÈNE XVI.

### JOSEPH, *flairant sa main.*

C'est au jasmin !... Étrange perplexité d'un jeune homme de Loches !... On n'a qu'une cousine un peu soignée, avec une petite fortune assez ronde, on la croit élevée dans l'innocence, au sein d'un pensionnat de Paris, et on la trouve occupée de danses de chansons, et faisant société avec son coiffeur... il y a de quoi perdre la tête !

AIR : *Vaudeville des Anglaises.*

Braves pères de famille ,
Si vous avez des enfans ,
Surtout si c'est une fille ,
Agissez en gens prudens.
Afin qu'elle reste sage,
Vous ferez bien , je le sens ,
De la laisser en sevrage...
Jusqu'à l'âge de quinze ans.

# SCÈNE XVII.

### JOSEPH , PANOUFLE.

JOSEPH.

Ah ! papa , venez donc.

PANOUFLE.

As-tu vu ta cousine ?

JOSEPH.

Oui , papa ; vous me voyez navré...

PANOUFLE.

Comment la trouves-tu ?

JOSEPH.

Charmante ; je suis au désespoir !

PANOUFLE.

Je ne t'entends pas.

JOSEPH.

Quand vous saurez comment on les élève ici, et qu'elles vont danser à l'Ile d'Amour!

PANOUFLE.

Ah! par exemple!.. il faut retirer Héloïse sur-le-champ; songe qu'il y va de ton intérêt, et qu'il faudrait faire un partage si tu ne l'épousais pas.

JOSEPH.

Vous avez raison, papa; d'ailleurs, elle est gentille, elle me plaît assez du reste...

# SCENE XVIII.

### LES MÊMES, TOUTES LES DEMOISELLES.

*CHOEUR.*

AIR : *Final de Simple Histoire.*

Abandonnons la ville,
Et malgré les caquets,
Allons de Romainville
Visiter les bosquets.

HÉLOÏSE.

Il faut qu'à la campagne
Le plaisir ait son tour,
Et qu'il nous accompagne
Jusqu'à l'Ile-d'Amour.

*ENSEMBLE.*

Abandonnons, etc.

JOSEPH.

Entendez-vous, papa?

PANOUFLE.

Laquelle est Héloïse?

JOSEPH.

C'est celle-là, qui a l'air plus réservé que toutes les autres...

CLÉMENCE, *à Héloïse.*

Voilà le papa.

HÉLOÏSE.

Continuons la plaisanterie.

PANOUFLE.

Mesdemoiselles, je trouve votre ton très-leste et très-déplacé, et d'après ce que vient de me dire mon fils, je vais retirer d'ici ma nièce Héloïse.

HÉLOÏSE.

Ah! par exemple, ma mère ne le souffrirait pas... je me trouve bien ici et j'y reste...

PANOUFLE.

C'est ce que nous verrons.

CLÉMENCE.

Allons, allons, Marianne est allée chercher des fiacres, partons...

## SCÈNE XIX.

LES MÊMES, MARIANNE.

AGATHE.

Eh! bien, Marianne, partons nous?

MARIANNE.

Par exemple! il n'y a pas un fiacre sur la place; est-ce que vous n'entendez pas la pluie qui tombe à verse, on ne mettrait pas un chien à la porte...

HÉLOÏSE.

Ah! mon Dieu, voilà notre partie tombée dans l'eau...

AGATHE.

Que c'est malheureux!

CLÉMENCE.

Il faut nous amuser ici.

HÉLOÏSE.

Quel dommage que M. Papillon soit parti!

JOSEPH.

Elle le regrette!.. papa, si vous saviez ce que c'est!..un gros animal...

PANOUFLE.

Mais où est donc la maîtresse? que je lui fasse mes plaintes!

## SCÈNE XX.

LES MÊMES, PAPILLON, UN JOUEUR D'ORGUE.

PAPILLON.

C'est encore moi : pardon, mesdemoiselles; la pluie m'a ramené! j'ai rencontré en route cet allobroge avec sa manivelle musicale, et j'ai pensé que nous pourrions danser ici.

(Il secoue son chapeau qui éclabousse Panoufle.)

HÉLOÏSE.

C'est charmant!.. si nous avions un homme de plus, nous ferions une contredanse complète.

JOSEPH.

Papa, elles parlent de nous faire danser

PANOUFLE.

Elles sont folles!

CLÉMENCE.

Où trouver un quatrième cavalier?

MARIANNE.

Eh! voilà le père Potot, le menuisier.

TOUTES.

Il dansera! il dansera!

# SCENE XXI.

Les mêmes , POTOT , JACQUELINE (1).

POTOT.

Qu'est-ce qu'on parle de danser? voilà ma fille que j'amène pour la présenter à madame Dumont.

PANOUFLE , *le prenant à part.*

Homme respectable! bon père de famille , vous voulez mettre votre fille dans cette maison , gardez-vous-en bien.

POTOT.

Pourquoi donc ça? ma fille est une sotte que je veux déniaiser... n'est-ce pas , Jacqueline , que tu t'amuseras bien ici?..

JACQUELINE.

Oui , papa.

HÉLOÏSE.

Allons donc , l'orgue! une contredanse , nous perdons du tems...

LE JOUEUR D'ORGUE.

Invitez vos dames!..

HÉLOÏSE.

Hé bien! mon cousin , est-ce que vous ne voulez pas danser avec moi?..

JOSEPH , *hésitant.*

Papa , est-ce que?.. *(à part)* Elle est pourtant bien agréable !

HÉLOÏSE.

Allons donc , si vous voulez me plaire , il faut être complaisant.

PAPILLON , *à Clémence.*

Héloïse le fait exprès pour me vexer ; mamzelle Clémence , acceptez ma main sans conséquence.

MARIANNE , *prenant le père Potot.*

J'en suis , moi , père Potot , sans rancune.

POTOT.

A cause du soufflet? Eh! ça ne fait pas grand mal un soufflet de femme !.. ça n'est pas comme un soufflet de forge.

AGATHE.

Et moi donc, il me faut un cavalier. *(Allant à Panoufle.)* Monsieur, veut-il me faire l'honneur...

(Elle l'entraîne.)

PANOUFLE , *se débattant.*

C'est un peu fort , il ne faut pas tirer comm e ça...

LE JOUEUR D'ORGUE.

Un pantalon

POTOT.

Jacqueline , regarde ces demoiselles , ça t'apprendra.

JACQUELINE.

Oui , papa.

---

(1) Ce rôle doit être joué par un homme grand et mince.

PANOUFLE.

J'étouffe de colère.

JOSEPH.

Un peu de complaisance, papa.

LE JOUEUR D'ORGUE, *criant.*

En avant deux.

( La contredanse commence. Joseph se laisse enflammer, et le père Panoufle danse en enrageant. )

# SCÈNE XXII.

LES MÊMES, MADAME DUMONT *avec un parapluie.*

MADAME DUMONT.

Eh ! bien, l'on danse ici, et pourquoi ne m'attendiez-vous pas ?

PANOUFLE.

Arrivez, madame, voyez ce qu'on fait et ce qu'on me fait faire.

MADAME DUMONT.

Rien n'est plus naturel, on peut s'amuser quand c'est honnêtement.

PANOUFLE.

Mais ces demoiselles ?..

MADAME DUMONT.

N'est-ce pas de leur âge ?

PANOUFLE.

Elles m'ont forcé...

MADAME DUMONT.

Il fallait vous prêter de bonne grâce.

PANOUFLE.

Ah ! c'est trop fort... et vous aussi, madame, vous partagez de semblables folies, de pareilles inconvénances.

PAPILLON.

Parbleu, monsieur, je vous trouve plaisant, vous dansez avec nous, vous faites vos farces, et vous venez ensuite nous prêcher la morale.

PANOUFLE.

Monsieur, taisez-vous, et respectez ma tête vénérable ; mon front chauve devrait vous faire parler autrement.

PAPILLON.

Ah ! pauvre cher homme, je n'avais pas fait attention... Ce front chauve, c'est mon affaire ; vous ne savez peut-être pas que je viens d'obtenir un brevet d'invention pour mes faux toupets... ils sont admirables ; ils réparent les outrages du temps et les pertes d'une nature décrépite. Parbleu ! j'en ai un sur moi que je puis vous implanter.

AIR *de la vigne à Claudine.*

La tête que je touche
Se passe avec orgueil
D'une petite bouche,
Ou même d'un grand œil.

Une belle coiffure,
Valut toujours bien mieux.
Rien n'est dans la figure
Au-dessus des cheveux.

(*Il lui pose brusquement un faux toupet.*)

Ah ! parbleu , il vous va à ravir; c'est 25 francs , prix d'ami.

PANOUFLE.

Monsieur, je ne veux point de votre toupet.

PAPILLON.

J'en suis fâché , vous l'avez , vous le garderez.

PANOUFLE.

Je vais l'ôter...

PAPILLON.

Ne vous en avisez pas ! vous arracheriez la peau, cela tient pour toute la vie...

PANOUFLE.

C'est abominable.

JOSEPH.

Non , papa , vrai , il vous va bien.

PAPILLON.

Vingt-cinq francs , c'est une bagatelle.

PANOUFLE , *en colère.*

Je ne les payerai pas.

PAPILLON.

Vous avez ma marchandise , vous la payerez.

PANOUFLE.

Le diable m'emporte si je donne un sou de votre toupet !

PAPILLON.

Je vais donc me payer par mes mains (*Il tire de sa poche une paire de ciseaux*). Jeune homme , vous payerez pour votre père... (*Il coupe la longue queue de Joseph*). Voilà de quoi faire quatre toupets.

JOSEPH.

Ma queue ! papa , ma queue !

PANOUFLE , *furieux.*

Ah ! c'est trop fort ! à la garde ! au commissaire ! à la garde ! (*il va à la fenêtre*) à la garde!

MADAME DUMONT.

Êtes-vous fou , monsieur, d'appeler la garde ?

PANOUFLE , *criant.*

On méconnaît les droits d'un oncle ! à la garde !

MARIANNE.

Ah ! mon Dieu , madame , voilà la garde qui entre...

# SCENE II.

LES MÊMES , M. TAMPON *en uniforme d'invalide.*

PANOUFLE *à Tampon.*

Venez , monsieur, venez venger un bourgeois de Loches qu'on outrage , et son fils qu'on prive de son plus bel ornement.

JOSEPH, *pleurant.*

Ma queue!..

TAMPON.

Laissez-moi donc tranquille, monsieur, est-ce que ça me regarde?..

PANOUFLE.

Comment, monsieur, n'êtes-vous pas un militaire armé pour la défense de la patrie et la sûreté des citoyens, et ne montez-vous pas ici pour me rendre justice!..

TAMPON.

Du tout, je suis un paisible invalide, M. Tampon, qui, à ses momens loisibles, fait les commissions d'un imprimeur, et j'apporte à madame Dumont ses adresses qu'elle a fait imprimer chez nous.

(Il les lui remet.

MADAME DUMONT.

Ah! c'est vous, père Tampon.

PANOUFLE.

Je ne serai donc pas vengé!

MADAME DUMONT.

Tenez, monsieur, acceptez quelques-unes de mes adresses, et donnez-en, s'il vous plaît, à vos amis et à vos connaissances.

PANOUFLE, *ironiquement.*

Oui!.. je n'y manquerai pas.

JOSEPH.

Nous n'y manquerons pas. (*Il lit*). «Changement de domicile; ma-« dame Dumont, ci-devant rue Bertin-Poirée, maintenant rue des « Martyrs, tient magasin de nouveautés, modes et *singeries.* »

MADAME DUMONT.

Lingeries... monsieur! est-ce que l'on a fait une faute d'impression?

PANOUFLE.

Ah! ma foi d'après ce que j'ai vu, le mot singeries peut rester.

HÉLOÏSE.

Cette lettre vous apprendra où vous pouvez trouver votre véritable nièce.

JOSEPH *à Héloïse en soupirant.*

Quoi? vous n'êtes donc pas! c'est dommage...

PAPILLON, *à Joseph.*

Sans rancune, petit cousin de Loches. (*A Héloïse.*) Mamzelle Héloïse, mon comptoir vous attend.

HÉLOÏSE.

A condition que vous quitterez la rue Cadet pour le passage Vero-Dodat ou quelqu'autre beau quartier.

PAPILLON.

C'est déjà fait, j'ai passé bail pour le Grand-Cerf.

**PANOUFLE**, *qui a lu la lettre.*

Ah ben ! en voilà d'une autre. Pendant que nous sommes ici, ta tante s'arrange là bas pour faire manquer ton mariage.

**HÉLOÏSE.**

Eh ! nous l'y avons aidée de tout notre pouvoir, en vous retenant ici.

**JOSEPH.**

Merci... vous êtes de fameuses espiégles ! Je suis bien bête de vous avoir prises pour des écolières.

**PAPILLON.**

C'était une pension pour rire.

**PANOUFLE.**

Allons chez l'autre madame Dumont, où nous trouverons une autre Héloïse !

**JOSEPH.**

Oui, papa, et je serai son Abaylard.

## *VAUDEVILLE.*

**AIR** Vaudeville *de l'Ours et le Pacha.*

**MARIANNE.**

Il est des établissemens
D'une utilité reconnue,
Qui, pour les déménagemens,
Se transportent dans chaque rue ;
Ils seraient bien embarrassés,
Si quelque jour, dans cette ville,   (*bis.*)
Tous les gens qui sont déplacés
Devaient changer de domicile.

**PAPILLON.**

Dans un beau quartier de Paris,
Dans un logis plein d'élégance,
Célicour reçoit des amis,
Des maitresses, et fait bombance.
Mais son loyer qui le paiera ?
La chose n'est pas difficile,   (*bis.*)
Car Sainte-Pélagie est là.....
Il changera de domicile.

**JOSEPH.**

Lise a seize ans, un pied mignon,
De beaux yeux, un joli corsage,
C'est la plus sage du canton,
A ce qu'on dit dans le village ;
Mais un séducteur a paru,
Et lorsqu'on va dans son asile   (*bis.*)
Lui porter le prix de vertu,
Elle a changé de domicile.

M. PANOUFLE.

Pierre est ministre et Paul préfet ,
Et dans un hôtel magnifique
Ils sont logés , grâce au budget ,
Aux frais de la chose publique.
Ils nous promettent le bonheur
Tant qu'ils seront là... c'est facile ;   (*bis.*)
Mais avant le terme, j'ai peur
Qu'ils ne changent de domicile.

HÉLOÏSE , *au public.*

Quand plus d'un auteur veut monter
A cheval sur le romantique ,
Le nôtre ici nous fait chanter
Le modeste couplet classique.
Ah ! lorsqu'il vient avec gaité
Offrir son léger vaudeville ,   (*bis.*)
Que l'indulgence et la bonté
Ne changent pas de domicile.

FIN.